Alma Flor Ada • F. Isabel Campoy

Yo

Diario de mi historia

Ilustrado por Jaramar Soto

ALFAGUARA
INFANTIL Y JUVENIL

Art Director: Felipe Dávalos
Design: Petra Ediciones
Editor: Norman Duarte

Text © 2000 Alma Flor Ada and F. Isabel Campoy
Edition © 2000 Santillana USA Publishing Company, Inc.

All rights reserved. No part of this book may be reproduced
or transmitted in any form or by any means, electronic
or mechanical, including photocopying, recording
or by any information storage and retrieval system,
without permission in writing from the publisher.

Santillana USA Publishing Company, Inc.
2105 NW 86th Avenue
Miami, FL 33122

Biography A: *Yo*

ISBN: 1-58105-410-6

Printed in Mexico

Índice

Bienvenida	**4**
Yo	**5**
La cara	**6**
Mi cara	**7**
La mano	**8**
Mi mano	**9**
El cuerpo	**10**
Yo	**11**
Los colores	**12**
Mi color favorito	**13**
Más colores	**14**
Colores favoritos	**15**
Animales	**16**
Partes de los animales	**17**
Un animal que conozco	**18**
Animales que me gustan	**19**
Mi familia	**20**
Miembros de una familia	**21**
Mi familia	**22**

Bienvenida

¡Hola!
Éste es tu diario.
Para leer y escribir.
Para dibujar y pegar.
Es tuyo.
¡Que bonito es hacer un libro!
Un libro sobre ti.

Yo

Me llamo ....

Tengo .... años.

Voy a la escuela ....

Mi maestra se llama ....

Mi cara

Ojos de papá.
Pelo como mamá.
Mi cara es hermosa
y yo lo soy aún más.

La mano

Una mano. Cinco dedos.
En cada dedo, una uña.
Te voy a contar un cuento.

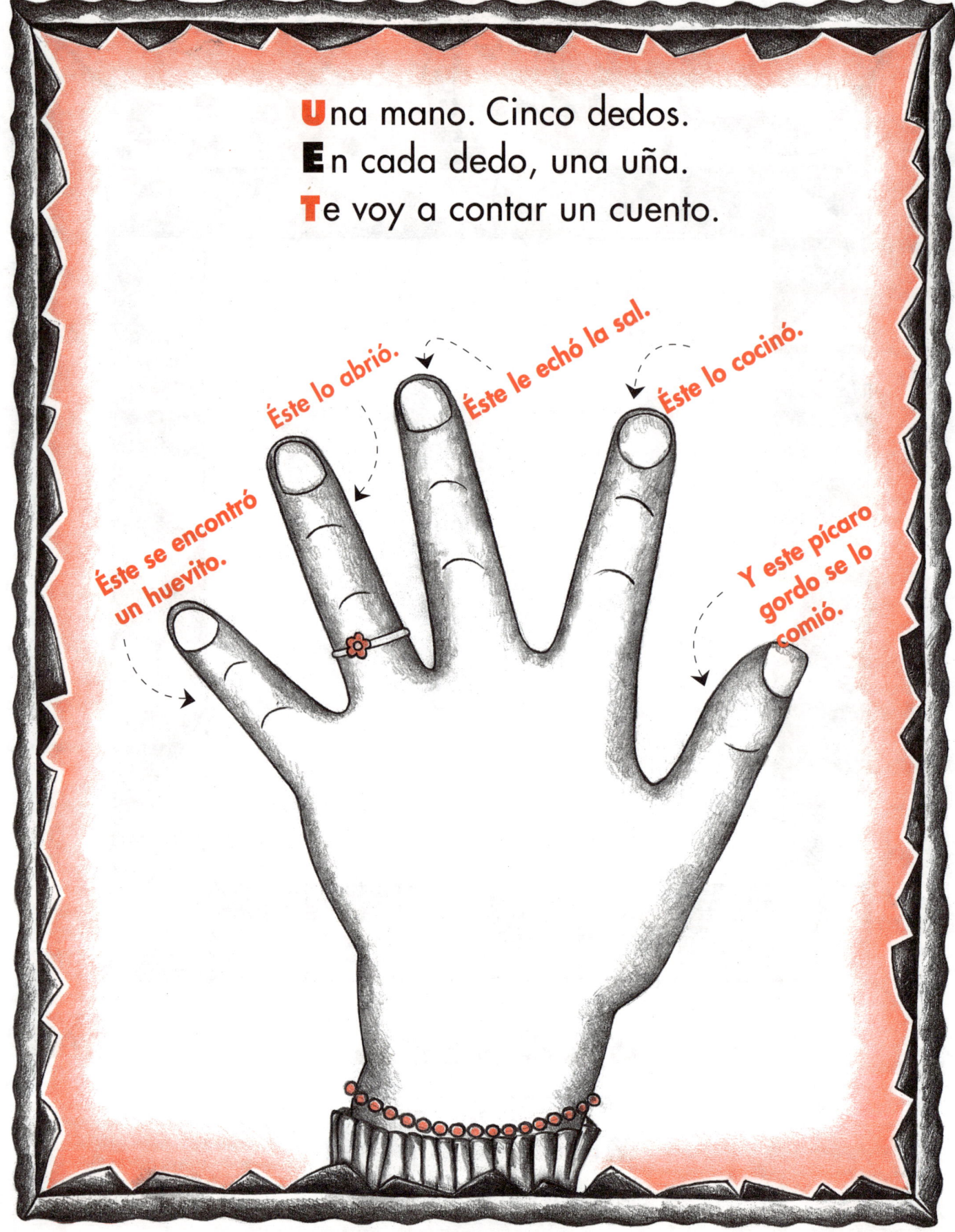

Éste se encontró un huevito.
Éste lo abrió.
Éste le echó la sal.
Éste lo cocinó.
Y este pícaro gordo se lo comió.

Mi mano

Mano pequeñita,
mano para guardar
un beso así de grande
para mi mamá.

El cuerpo

Yo

Yo frente al espejo:
    limpio
    peinado
    sonriente
    y derecho.

Yo frente al espejo:
    alegre
    peinada
    sonriente
    y derecha.

Los colores

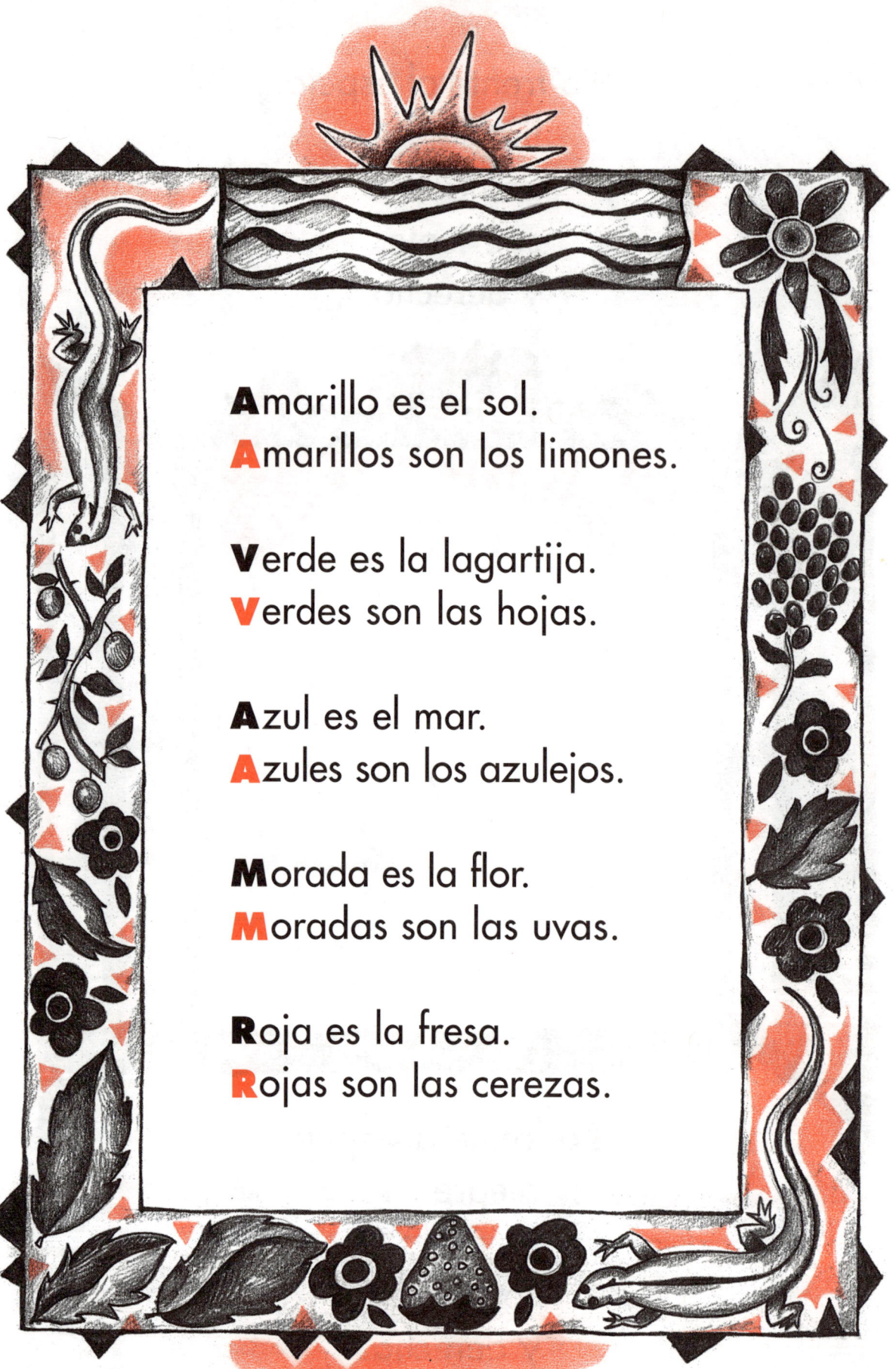

Amarillo es el sol.
Amarillos son los limones.

Verde es la lagartija.
Verdes son las hojas.

Azul es el mar.
Azules son los azulejos.

Morada es la flor.
Moradas son las uvas.

Roja es la fresa.
Rojas son las cerezas.

Mi color favorito

Me gusta el azul.
Azul en las flores.
Azul, color bello entre los colores.

Me gusta el azul de ....

Me gusta el rojo.
Me pongo rojo
cuando me enojo.

Me gusta el rojo de ....

Me gusta el amarillo.
Amarillo es el sol
y el canto del grillo.

Me gusta el amarillo de ....

Más colores

Amarillo	+	azul	=	verde
Azul	+	rojo	=	morado
Rojo	+	amarillo	=	anaranjado
Rojo	+	blanco	=	rosado

anaranjado
Anaranjado es el pájaro.
Anaranjadas son las naranjas.

negro
Negra es la noche.
Negros son los gatitos.

Colores favoritos

El color favorito de mi maestr......

es ....

El color favorito de mi amig ......

es ....

El color favorito de mi mamá

es ....

El color favorito de mi ....

es ....

El color favorito de mi ....

es ....

Animales

Partes de los animales

Un animal que conozco

Se llama ....

Es de color ....

No ríe. No llora.
No sabe hablar.
Pero ¡cuánto me quiere!
mi pequeño animal.

Animales que me gustan

Me gustan los ....

Me gustan con plumas,
me gustan con pelo.
Y siempre, siempre,
me gustan sus juegos.

Mi familia

Mi familia

Madre y padre,
hermanos y hermanas,
abuelos y nietos,
tíos y sobrinos.
Y para hacerla más grande:
ahijados, padrinos, amigos, vecinos.

Yo vivo con

Mi familia

Ésta es mi familia.

Nuestros nombres

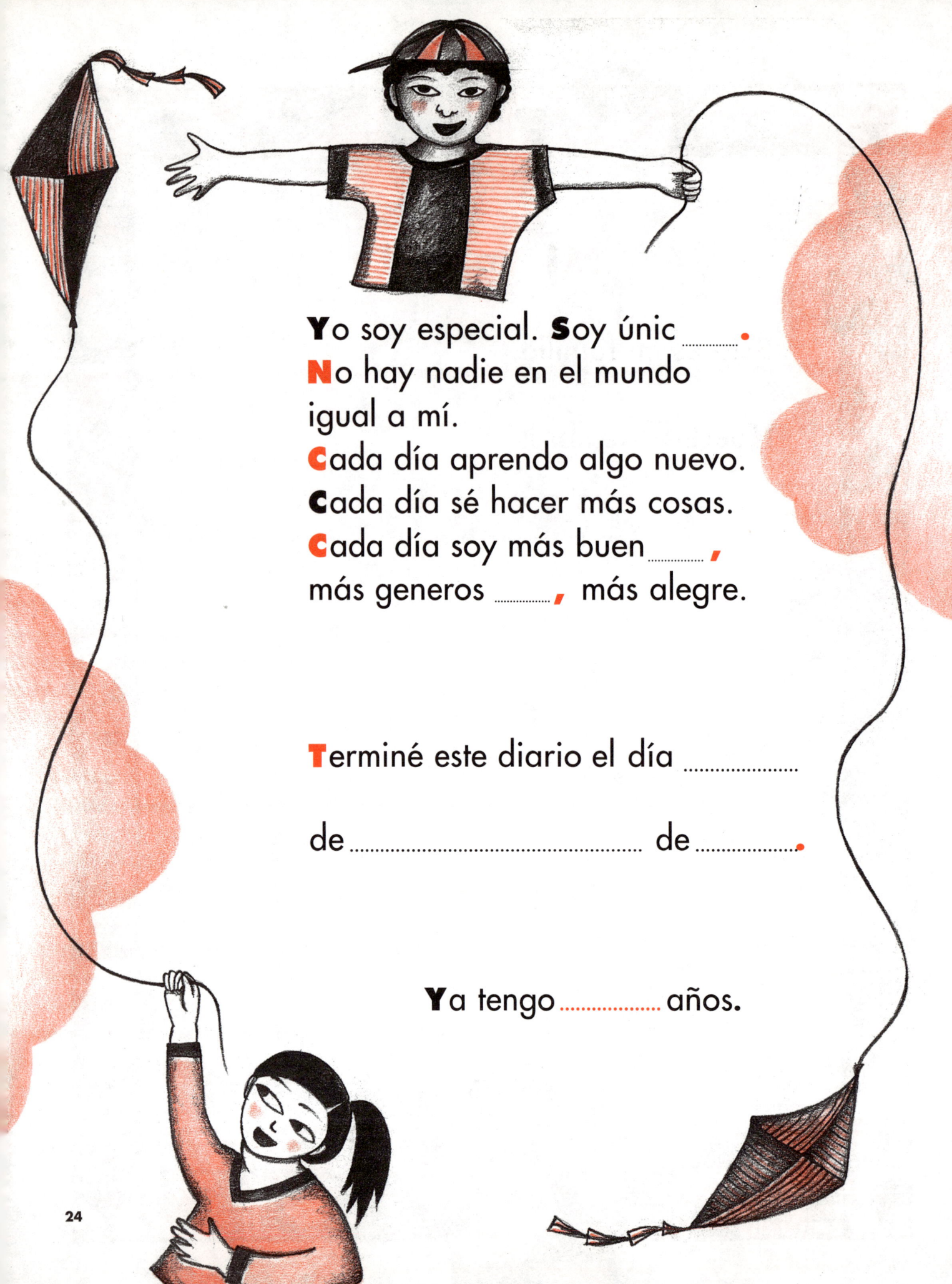

Yo soy especial. Soy únic............
No hay nadie en el mundo
igual a mí.
Cada día aprendo algo nuevo.
Cada día sé hacer más cosas.
Cada día soy más buen............,
más generos............, más alegre.

Terminé este diario el día ....

de .... de ....

Ya tengo .... años.